PLA
1928
juin 16

COLLECTION

de

MONNAIES et MÉDAILLES

MONNAIES D'OR

Monnaies et Médailles

en argent et en bronze

Françaises et Étrangères

JETONS

DONT LA VENTE AUX ENCHÈRES PUBLIQUES AURA LIEU

HOTEL DROUOT, Salle n° 8

Le Samedi 16 Juin 1928, à 2 heures

Mᵉ ANDRÉ DESVOUGES	**M. Clément PLATT**
COMMISSAIRE-PRISEUR	EXPERT EN MONNAIES ET MÉDAILLES
26, Rue de la Grange-Batelière	19, rue des Petits-Champs
Tél. : Provence 81-36	Tél. : Central 13-33

PARIS

chez lesquels se distribue le présent Catalogue.

CONDITIONS DE LA VENTE

Elle sera faite au comptant.

Les acquéreurs paieront 19,50 *pour cent* en sus des enchères.

L'Expert, dans l'intérêt de la vente, se réserve la faculté de réunir ou de diviser les lots.

La conservation des pièces a été sévèrement indiquée : **B**=beau ; **TB**=très beau.

L'Expert est à la disposition de MM. les Amateurs qui auraient un renseignement à lui demander ou des ordres d'achat à lui confier.

MONNAIES ANTIQUES

1 — **Espagne Antique, Massilia, etc.** Deniers et divisions. Ens. 14 p. arg.

2 — **Métaponte.** Tête de Déméter coiffée d'épis à droite. ℞ **META.** Epi. Didrachme arg.

3 — **Locri Epizephirü.** Tête de Zeus à gauche. ℞ Aigle à gauche au vol dévorant un lièvre qu'il emporte en ses serres. Didrachme arg.   B.

4 — **Sicile.** *Philistis, femme de Hiéron II.* Sa tête diadémée et voilée à gauche. ℞ **ΒΑΣΙΛΙΣΣΑ ΦΙΛΙΣΤΙΔΟΣ.** Quadrige de la Victoire au pas à droite. Tétradrachme arg.

5 — **Macédoine.** *Philippe II, Roi.* Tête d'Apollon laurée à droite. ℞ **ΦΙΛΙΠΠΟΥ.** Bige au galop à droite. Statère d'or.   B.

6 — Tête laurée de Zeus à droite. ℞ **ΦΙΛΙΠΠΟΥ.** Cavalier à droite. Tétradrachme arg.

7 — *Alexandre le Grand.* Tête d'Heraclès coiffée de la peau de lion à droite. ℞ **ΑΛΕΞΑΝΔΡΟΥ.** Zeus assis à gauche. 2 tétradrachmes arg.   B.

8 — 2 tétradrachmes et une drachme aux mêmes types. Ens. 3 p. arg.

9 — **Thasos.** Satyre lubrique enlevant une nymphe. ℞ Carré creux. Tétradrachme archaïque en argent.

10 — Tête de Dionysos à droite. ℞ **ΘΑΣΙΩΝ.** Héraclès nu debout à gauche. Tétradrachme arg.

11 — **Thrace.** *Lysimaque. Roi.* Tête juvénile cornue à droite. ℞ **ΒΑΣΙΛΕΩΣ. ΛΥΣΙΜΑΧΟΥ.** Athéna assise à gauche. Tétradrachme arg.

12 — **Thessalie.** Tête laurée de Zeus à droite. ℞ **ΘΕΣΣΑΛΩΝ.** Athéna combattant à droite. Didrachme arg.   B.

13 — **Athènes.** Tête d'Athéna à droite. ℞ **ΑΘΕ.** Chouette debout et brin d'olivier en un carré creux. Tétradrachmes. Ens. 2 p. arg.

14 — **Milet.** Tête d'Apollon à gauche. ℞ Lion à gauche se retournant vers une étoile. Hémidrachme arg. (a été dorée).

15 — **Camiros de Rhodes.** Feuille de figuier. ℞ Rectangle creux à 2 divisions. Statère arg.

16 — **Syrie.** *Antiochus Ier Soter, Roi.* Tête diadémée à droite. ℞ Apollon **assis.** Tétradrachme. *Démétrius II Nicator.* Tête diadémée à droite. ℞ **Aigle. Di**drachme. plus 2 drachmes. Ens. 4 pièces arg.

17 — **Rois Parthes.** Tétradrachme billon et 2 drachmes arg. à leurs effigies. Ens. 3 p.

18 — **Panorme ou Carthage.** Tête de Proserpine coiffée de roseaux à gauche. ℞ Cheval debout à droite. Statère électrum.

19 — Un second exemplaire. Statère électrum.

20 — **Egypte.** Les *Ptolémées Rois.* Tête diadémée de Ptolémée Soter à droite. ℞ Aigle sur un foudre. Tétradrachmes variés. Ens. 4 p. arg.

21 — Lot de 14 pièces grecques antiques en argent. Tétradrachmes et divisions.

22 — Lot de 24 pièces fausses ou douteuses et imitations de monnaies grecques d'argent.

23 — **Rome.** Deniers des familles de la République dits deniers consulaires. Ens. 24 pièces arg.

24 — Deniers consulaires et quinaires. Ens. 23 pièces arg.

EMPIRE ROMAIN

25 — **Auguste.** CAESAR. AVGVSTVS. DIVI. F... Sa tête laurée à droite. ℞ C.L. CAESARES... Caïus et Lucius debout près de leurs boucliers. Auréus monté en un cercle à bélière. Or.

26 — **Néron.** NERO. CAESAR. AVGVSTUS. Sa tête laurée à droite. ℞ IVPPITER. ÇVSTOS. Jupiter assis à gauche. Auréus.   B.

27 — **Titus.** T. CAESAR. IMP. VESPASIAN. Tête laurée à droite. ℞ COS. IIII. Taureau à droite. Auréus.   B.

28 — T CAESAR. IMP. VESPASIANVS. Tête laurée à droite. ℞ COS. V. Veau à droite. Auréus.

29 — T. CAESAR. IMP VESP. Tête laurée à droite. ℞ TR. POT. PONT... L'Abondance debout à gauche sur un fut de colonne. Auréus.

30 — **Marc Aurèle.** AURELIVS. CAES. ANTON. AVG. PII. F. Sa tête nue à droite. ℞ TR. POT. XI. COS. II. Apollon debout à gauche tenant sa lyre. Auréus.   B.

31 — IMP. M. ANTONINVS. AVG. Son buste tête nue à droite. ℞ SALVTI. AVGVSTOR. TR. P. XVII. COS. III. La Santé debout sacrifiant à gauche sur un autel entouré d'un serpent. Auréus.

32 — **Valens.** D. N. VALENS. Buste à droite. ℞ VICTORIA. AVGVSTORVM. Victoire écrivant. VOT. V. MVL. X. Sou d'or.

33 — **Théodose I.** D. N. THEODOSIVS. P. F. AVG... Buste à droite. ℞ VICTORIA. AVGG. Victoire au-dessus des deux Augustes assis. Sou d'or.

34 — **Honorius.** D. N. HONORIVS... Buste à droite. ℞ L'Empereur debout, le pied sur un ennemi. Sou d'or troué.

35 — Deniers et quinaire du début de l'Empire Romain depuis Auguste. Ens. 18 pièces arg.

36 — Deniers depuis Septime Sévère. Ens. 37 pièces arg. et billon.

37 — Lot de pièces fourrées, fausses ou douteuses. Ens. 27 pièces.

38 — Bronzes grecs et romains. Grand lot à diviser.

39 — Bronzes padouans, etc. Un lot à diviser.

BYZANCE

40 — **Zénon.** Buste casqué de face, la haste sur l'épaule. ℞ Victoire debout à gauche tenant une croix. Sabatier VII. 18. Sou d'or.

41 — **Justinien I.** L'Empereur de face à mi-corps tenant le globe crucigère. ℞ Victoire debout de face. Sabatier XII. 3. Sou d'or.　　　　　B.

42 — Buste lauré de l'Empereur à droite. ℞ Victoire debout de face. S. XII. 5. Triens d'or.

43 — **Héraclius.** Buste diadémé à droite. ℞ Croix pattée. Variétés de S. XXVIII. 11. Ens. 2 triens or dont un à bélière.

44 — **Constant II.** Son buste barbu de face tenant le globe crucigère. ℞ Croix pattée sur des degrés. S. XXXII. 5. Sou d'or monté en épingle de cravate.　B.

45 — **Constant II et Constantin Pogonat.** Leurs 2 bustes de face, le premier avec grande barbe. ℞ Croix pattée sur des degrés. S. XXXIV. 2. Sou d'or.　B.

46 — **Constantin X et Romain II.** Bustes de face des 2 Augustes tenant une longue croix. ℞ Buste nimbé du Christ. S. XLVI. 18. Sou d'or.

47 — **Jean II Comnène.** La Vierge couronnant l'Empereur debout. ℞ Le Christ assis. S. LIII. 13 var. Sou d'or concave.

48 — **Isaac II l'Ange.** L'Empereur debout et l'Archange Michel tenant ensemble, une épée au fourreau. ℞ La Vierge assise. S. LVII. 15. Sou d'or concave.　. B.

49 — Lot de monnaies byzantines en bronze.

50 — **Gaule. - Trevirii.** Grand œil et étoiles. ℞ Cheval à gauche et points cerclés. Statère d'or.

51 — Tête à droite. ℞ Cheval à gauche. Dessous rosace formée de globules. Tiers de statère d'or.

52 — Statère d'or gaulois de types très dégénérés et confus.

PÉRIODE MODERNE

53 — **Abyssinie.** Deux grands talari argent à l'effigie de Ménélick.

54 — **Allemagne.** (Villes et Souverains). Grand écu de Mayence à la tête de Charles Prince Primat, 1808. Thaler de Guillaume IV de Hanovre. Thaler de 1754 à la vue de Ratisbonne, etc. Ens. 6 pièces arg.

55 — **Angleterre.** *Henri VI, Roi.* HENRIC. DI. GRA. REX. ANGL. FRANC. Le Roi debout en une nef tenant l'écu France-Angleterre. Noble d'or.

56 — *Elisabeth, Reine.* ELIZABETH. D. G. ANG. FRA. ET. HIB. REGINA. Buste couronné à gauche. ℞ 2. SCVTVM. FIDEI. PROTEGET. EAM. Ecu couronné France-Angleterre. Souverain d'or.   B.

57 — *Jacques Iᵉʳ, Roi.* IACOBVS. D. G. Son buste lauré à gauche. Derrière, V. ℞ Ecu couronné. Couronne ou quart de laurel d'or.

58 — **Bavière.** *Max Emmanuel.* Sa tête à droite. ℞ IN. TE. SPERANTIB... La Vierge à l'Enfant. Max d'or de 1715.

59 — **Belgique.** *Léopold I et Léopold II.* 6 pièces module de cinq francs et une pièce de 2 1/2 franc. 1848. Ens. 7 pièces arg.

60 — **Castille.** *Ferdinand, Roi.* Son buste couronné à droite. ℞ Ecu couronné. Ducat d'or.

61 — **Danemark.** *Christian 4.* CHRISTIAN. 4. D. G. D. N. R. Le Roi debout à droite. ℞ IVSTVS. IVDEX. Ducat d'or de 1645 troué.

62 — **Espagne.** *Charles III, Roi.* CAROL. III. D. G. Son buste à droite, 1774. ℞ Ecu couronné dans le collier de la Toison d'or. Demi once d'or de 4 escudos.   B.

63 — **Espagne, Portugal et leurs Colonies.** Trois grands écus et divisions. Ens. 11 pièces arg.

64 — **Etats Pontificaux.** *Innocent XII.* Demi scudo. *Pie VII.* Scudo 1802. Ens. 2 pièces arg. à leurs armes.

65 — *Grégoire XVI ; Pie IX.* Scudi et divisions à leurs bustes. Ens. 9 pièces arg. plus centesimo en cuivre.

66 — **Etats-Unis d'Amérique.** Tête de Liberté à gauche. ℞ Légende. Dollar et demi dollar de Californie. Ens. 2 pièces or.

67 — **France.** Monnaies royales et seigneuriales, la plupart de Charlemagne à François 1er. Deniers, gros tournois, blancs, etc. Ens. 100 pièces arg. et billon.

68 — *Philippe VI de Valois.* PHILIPPVS. DEI. GRA. FRANCORVM. REX. Le Roi assis sur un trône gothique tenant son épée et un écu fleurdelisé. ℞ XPC. VINCIT... Croix feuillue. Hoffmann 3. Ecu d'or. B.

69 — *Jean II le Bon.* IOHES. DEI. GRA,.. Le Roi debout sous un dais gothique. ℞ 4 fleurs de lis en un polylote. Hoffmann. 8. Royal d'or. B.

70 — Le Roi galopant à gauche, l'épée haute. H. 10. Franc à cheval en or.

71 — Un second exemplaire.

72 — *Charles VI.* KAROLVS. DEI. GRACIA. FRANCORVM. REX. Ecu fleurdelisé couronné. ℞ Croix fleurdelisée. H. 1. Ecu d'or.

73 — *Louis XII.* Ecu d'or au Porc Epic. H. 6.

74 — *François 1er* Demi teston ; *Henri II*, testons. Ens. 4 pièces arg.

75 — *Charles IX.* Testons et demi teston. Ens. 5 pièces arg.

76 — *Henri III.* Franc, demi franc, quart et huitième d'écu ; gros de Nesle. **Ens.** 6 pièces argent et billon.

77 — *Henri IV.* Demi franc, quart et huitième d'écu. Ens. 18 pièces arg.

78 — *Louis XIII.* LVD. XIII. D. G. FR. ET. NAV. REX. 1640. Tête laurée à droite. ℞ CHRS. REGN. VINC. IMP. Croix formée de 4 double L couronnées. H. 20. Double louis d'or. B.

79 — Demi louis d'or de 1640 aux mêmes types. H. 24.

80 — Grand écu blanc arg. de 60 sols à son buste cuirassé. Paris 1643. B.

81 — Demi francs ; pièces de 15 sols et 5 sols, quarts d'écu. Ens. 8 pièces arg.

82 — *Louis XIV.* LVD. XIIII. D. G. FR. ET. NAV. REX. Tête laurée à droite. ℞ Croix formée de 4 double L couronnées. H. 12. Louis d'or mèche longue de 1652. B.

83 — Ecus de 60 sols 1651, 1652 (2 variétés). Demi écu de 1649, 1650 et 1651 à la mèche longue. Demi écu de 1644 à la mèche courte. Ens. 7 pièces arg.

84 — Grands écus dits aux 3 couronnes. 1709 et 1711. Ens. 2 pièces arg.

85 — Demi écus divers, quarts et divisions. Ens. 34 pièces arg.

86 — *Louis X V*. Grands écus dits aux lauriers, 1726 et 1740, demi écu de 1728. Grands écus au bandeau, 1765, contremarqué pour Berne et 1768. Ens. 5 p. arg.

87 — Grands écus au bandeau, 1744, 46, 60, 65 et 70. Ens. 5 pièces arg.

88 — 12 divisions arg.

89 — *Louis XVI*. Buste nu à gauche. ℞ Deux écus quadrangulaires sous la couronne royale. H. 5. Double louis d'or de 1786.

90 — Grands écus dits aux lauriers de 1779, 1785 (2 variétés); 1786. Ens. 4 p. arg.

91 — Grands écus de 1788, 1790, demi écu et divisions. Ens. 6 pièces arg.

92 — Grands écus et demi écu de 1792 au Génie, 30 sols et 15 sols. Ens. 10 p. arg.

93 — *République*. Grand écu de 6 livres au Génie, 1793.

94 — *Bonaparte, Premier Consul*. 5 francs An XI ; 5 francs An 12 ; quart An 12. Ens. 3 pièces arg.

95 — *Napoléon, Empereur*. 5 francs et quart An 13 ; demi franc 1808 ; Essai de 100 francs par Vassalo, 1807, en refrappe. Ens. 4 pièces arg.

96 — 20 francs or à sa tête nue An 12.

97 — Variété à sa tête nue, 20 francs or An 13.

98 — Variété à sa tête laurée : 20 francs or, 1810.

99 — Variété à sa tête laurée : 20 francs or, 1811.

100 — Variété à sa tête laurée : 20 francs or, 1812.

101 — *Louis XVIII*. 20 francs or 1814 à son buste à droite, dit au petit collet.

102 — 5 francs 1815 et divisions; *Charles X*, quarts ; *Henri V*, franc. *Louis-Napoléon Bonaparte*. 5 francs 1852, *Cochinchine Française*, 50 cents. 1879. Ens. 8 pièces arg.

103 — **Hollande.** Ducat d'or de 1757 au chevalier debout.

104 — **Hongrie.** *Mathias Corvin, Roi.* Ducat d'or sans date aux armes et au Saint-
Ladislas debout.

105 — *Maximilien II.* Ducat d'or de 1573 à la Vierge et au Saint-Ladislas debout.
B.

106 — **Italie.** Grand écu de Lucques 1741, de Pise 1779 ; Gaule Subalpine, 5 francs
An 10, Italia Libera, 5 lire 1848 ; Venise, 5 lire 1848. Ens. 6 piéces arg.

107 — **Italie.** *Napoléon, Empereur et Roi.* Tête nue à gauche. ℞ Armes et valeur :
40 lire or 1811 Milan.

108 — Mêmes types : 40 lire or 1812 Milan.

109 — 5 lire 1812 et divisions. Ens. 6 pièces arg.

110 — *Victor Emmanuel II, Roi.* Sa tête nue à gauche. ℞ Armes. 5 lire or 1865.

111 — **Japon.** Une monnaie d'or pâle.

112 — **Lombardie.** Gouvernement provisoire. 40 lire or 1848 frappées à Milan à la
légende : ITALIA. LIBERA. DIO. LO. VUOLE. B.

113 — **Nuremberg.** Bras céleste couronnant un aigle. ℞ Légende latine pour la
Paix. Ducat d'or de 1650. B.

114 — Triple ducat d'or daté 1703 en chronogramme. MONETA. AVREA. REIP. NORIMB.
Trois écus. ℞ Agneau portant la bannière à lég. PAX. Exemplaire encercié. B.

115 — **Orange.** *Raymond IV, Prince.* R. DIG. P. AVRA. Fleur de lis. ℞ Saint-Jean-
Baptiste debout. Florin d'or. B.

116 — Variété. Florin d'or.

117 — *Ordre de Malte.* Emmanuel de Rohan. Ecu de 30 tari 1789. Pologne.
Wladislas IV. Grand écu de 1636 à son buste. Ens. 2 pièces arg.

118 — *Ordre Teutonique.* Double ducat d'or de 1612 au Grand Maitre à cheval.

119 — **Parme et Guastala.** *Marie-Louise, Duchesse.* (Ex-femme de Napoléon 1er).
Buste à gauche. ℞ Armes. 40 lire or 1815. B.

120 — Un second exemplaire.

121 — Ecus de 5 lire 1815 et 1832 et divisions, plus franco de Félix et Elisa pour Lucques. Ens. 10 pièces arg.

122 — **Piémont**. L'ITALIE. DÉLIVRÉE. A. MARENGO. Buste casqué de Pallas à gauche. ℞ Valeur : 20 FRANCS. L'AN. 9. Or.
B.

123 — Variété : 20 FRANCS. L'AN. 10. Or.
B.

124 — **Prusse**. *Frédéric Guillaume III*. FRIEDR. WILHELM. III. KOENIG. VON. PREVSSEN. Son buste à gauche. ℞ Aigle sur un canon. Frédéric d'or 1801.

125 — Variété : Demi Frédéric d'or de 1817.

126 — *Frédéric Guillaume IV, Roi*. Sa tête nue à droite. ℞ Aigle sur un canon. Frédéric d'or de 1848.

127 — **Russie**. *Catherine II*. Buste à droite. ℞ Monogramme. Rouble d'or.

128 — **Saint-Siège**. *Pie IX*. Buste du Pape à gauche. ℞ Valeur 20 lire or. Rome 1866.
TB.

129 — Variété : 20 lire or. Rome 1869.

130 — Variété : 10 lire or. Rome 1867.

131 — Variété : 10 lire or. Rome 1869.

132 — Variété : 1 scudo or. Rome 1853.

133 — **Sardaigne**. *Victor Emmanuel, Roi*. Tête nue à gauche. ℞ Armes. 20 lire or 1818.

134 — Variété : 20 lire or 1819.

135 — Variété : 20 lire or 1820.

136 — *Charles Félix, Roi*. 20 lire or 1826.

137 — Un deuxième exemplaire.

138 — *Charles Albert, Roi*. 20 lire or 1841.

139 — **Saxe**. Ligne Albertine. Jean Georges. Quintuple ducat d'or de 1617 du Jubilé de la Réforme aux bustes de Frédéric III et de Jean Georges.   **B.**

140 — Ducat d'or de 1617 aux mêmes types.

141 — *Jean Georges*. Ducat d'or de 1630 aux bustes de Jean Georges et de Jean pour le Jubilé de la Confession d'Augsbourg.   **B.**

142 — Un second exemplaire.

143 — *Frédéric Auguste*. Le Roi galopant à droite. ℞ FRID. AVG. REX. ELECTOR. Couronne et sceptre de Roi, bonnet et glaive d'Electeur. Ducat d'or de 1711.

144 — Le Roi galopant à droite. ℞ DECVS. ET. PRAESIDIVM. Aigle couronné tenant une épée. Ducat d'or de 1745.   **B.**

145 — *Frédéric Auguste, Electeur*. Son buste à droite. ℞ Armes sous le bonnet. 10 thaler or 1801.

146 — **Saxe Cobourg Saalfeld**. Le Prince à genoux devant la Croix. ℞ Aigle volant vers le soleil. Ducat d'or obituaire.   **B.**

147 — **Saxe**. *Frédéric Auguste, Electeur*. Thaler de 1802. *Jean, Roi et Amélie*. Double thaler de 1872. Bernard, Duc de Saxe Meiningen Gulden. 1846. **Ens.** 3 pièces arg.

148 — **Suisse**. Zurich. Grand écu de 40 batz 1813 et 5 franken du tir de 1859. **Ens.** 2 pièces arg.

149 — **Turquie**, Maroc, etc. Grand écu et divisions. Ens. 18 pièces arg. et billon.

150 — **Tyrol**. Thalers à l'effigie de Léopold, 1632 ; de Ferdinand-Charles, 1652 ; Joseph II, 1707 et un de Rodolphe II pour l'Alsace de 1603. Ens. 4 pièces arg.

151 — **Utrecht**. Ducat d'or de 1814 au Chevalier debout tenant le faisceau de flèches.   **B.**

152 — **Westphalie**. *Jérôme Napoléon, Roi*. HIERONYMVS. NAPOLEON. Buste lauré à gauche. ℞ Valeur. 20 frank. or 1809.

153 — Lot de monnaies étrangères en argent et billon.

154 — Lot de monnaies étrangères en nickel, cuivre saucé, etc.

155 — Lot de monnaies étrangères en cuivre, etc.

MÉDAILLES

156 — *Louis XIV, Louis XVI, Napoléon et Marie-Louise.* Ens. 3 pièces **arg.**

157 — *Napoléon ; Caroline, Reine de Naples. Louis XVIII,* etc. Ens. 14 pièces arg.

158 — *Roi de Rome.* (Napoléon II). Sa tête à droite. ℞ La Louve. Médaille minuscule or et cinq petites pièces encerclées.

159 Campagne d'Italie ; Mexique; Tonkin, Chine, Annam. Ens. 3 décorations arg. plus médaille de Sainte-Hélène en bronze.

160 — Médailles étrangères: *Léopold, Empereur, Frédéric-Guillaume de Prusse.* etc. Ens. 6 pièces arg.

161 — Série des médailles des Rois de France en bronze, 51 $^m/_m$.

162 — Médailles bronze en écrins. Ens. 11 pièces.

163 – Grand lot de médailles en bronze, étain, etc.., à diviser.

JETONS

164 — Jetons à l'effigie de *Louis XIV et Louis XV.* Ens. 9 pièces arg.

165 — Jetons à l'effigie de *Louis XV, Louis XVI et Bonaparte.* Ens. 8 pièces arg.

166 — Jetons à portraits: *Brutus, Corneille,* etc. Ens. 14 pièces arg.

. 167 — Jetons à effigies : *Charlemagne, Saint-Louis, François 1er, Louis XVI,* etc.

Ens. 10 pièces arg. octogones.

168 — Jetons divers. Ens. 14 pièces arg.

169 — Jetons divers Ens. 15 pièces arg. octogones.

170 — Grand lot de jetons cuivre, cuivre argenté, etc.

171 — Dénéraux et pièces diverses. Un lot.

172 — Médailler chêne à 5 tiroirs. Longueur 0ᵐ66, largeur 0ᵐ27, hauteur 0ᵐ14.

173 — Lot de cartons à médailles.

AUTRES COLLECTIONS

174 — **France.** *Jean II le Bon.* IOH. REX. Agneau Pascal. ℞ Croix fleuronnée. Hoffmann 3. Mouton d'or.

175 — *Charles V.* KAROLVS. DEI. GRA... Le Roi couronné debout sous un dais gothique. H. 2. Franc à pied or.

176 — *Henri VI, Roi de France et Angleterre.* L'Annonciation à la Vierge au-dessus des écus France Angleterre. ℞ Croix cantonnée du lis et du léopard. H. 3. Salut d'or.

177 — *Louis XII.* LVDOVICVS... Ecu de France entre 2 porcs épics. ℞ Croix cantonnée de 2 L et 2 porcs épics. H. 6. Ecu d'or aux porcs épics.

178 — *François 1ᵉʳ.* FRANCISCVS... Ecu de France. ℞ Croix fleurdelisée cantonnée de 2 lis et de 2 F. H. 4. Ecu d'or.

179 — *Henri III.* HENRICVS. III. D. G. Ecu de France. ℞ Croix fleurdelisée. H. 6. Ecu d'or.

180 — *Louis XIII.* LVD, XIII. D. G... Tête laurée à droite. ℞ Croix de 4 doubles **L.** H. 22. Louis d'or de 1641. **B.**

181 — *Louis XV.* Buste enfantin lauré à droite. ℞ 2 L adossés. Paris 1720. H. 11. Grand louis d'or.

182 — *Révolution.* Louis d'or de 24 livres 1793 Paris au Génie debout. Hennin 597.

183 — **Autriche.** *François-Joseph I.* Ducat d'or à sa tête laurée à droite. ℞ Aigle bicéphale. **TB.**

184 — Quadruple ducat d'or de 1914 aux mêmes types.   B.

185 — **Brésil.** *Joseph I.* 6.400 reis en or à sa tête pour Rio. 1766.

186 — **Espagne**. *Alphonse XII.* 25 pesetas or 1878 à sa tête et à ses armes.   TB.

187 — **Naples**. IOACCHINO. NAPOLEONE. 20 lire or 1813 à la tête de Murat à gauche,

188 — Monnaies grecques et romaines en bronze. 86 pièces.

189 — Deniers romains argent et billon. 24 pièces.

190 — Monnaies diverses, billon et cuivre.

191 — 5 jetons cuivre, 2 en argent et 1 en étain.

Imp. A. LASNIER
47, rue de Richelieu
-- PARIS (1er) --
Tél. Central 71-43